IMBERT-COLOMÈS

DÉPUTÉ DU RHONE

AU CONSEIL DES 500,

A SES COMMETTANS

ET AU PEUPLE FRANÇAIS

Sur la journée du 18 *Fructidor.*

Des autorités constituées, soit le Directoire, soit le Corps Législatif, n'ont de pouvoir et de caractère que par l'acte Constitutionnelle. Par l'effet de la violation ils perdroient ce caractère, et ce seroit le plus absurde comme le plus atroce des sophismes, de dire de la part d'une autorité quelconque : Je viole la constitution, et au nom de cette constitution même, je défends, sous peine d'être réputé factieux ou criminel, je défends à tous les citoyens de parler de cette violation, et je ferai punir comme conspirateur tout ceux qui déclareront qu'ils sont prêts à s'y opposer, et qu'ils veulent combattre pour la Constitution et pour les Loix : ce langage seroit évidemment celui d'un odieux despotisme, et ne pourroit être soutenu que par l'injustice et par la force. Lamarque, séance du 23 termidor, au Conseil des 500.

FRANCFORT,

1797.

IMBERT-COLOMÈS

Député du Rhône au Conseil des 500,

A SES COMMETTANS

ET AU PEUPLE FRANÇAIS

Sur la journée du 18 Fructidor.

ON ne doit pas s'attendre à rencontrer ici ces mouvemens oratoires étrangers à quiconque n'a pas l'habitude d'écrire ; mais je publierai avec simplicité et franchise la vérité qui a été si cruellement outragée par le triumvirat, ainsi que par ces orateurs stipendiés à la tribune de l'Odéon. Je passerai rapidement sur ce qui a précédé le 18 Fructidor. Je laisse à mes collègues, dont la plume est exercée, le soin de donner l'histoire détaillée des causes et des effets de cette fatale journée; et je ne m'attacherai qu'à démontrer la nullité d'une accusation qui n'a été qu'un prétexte pour renouveller une terreur moins cruelle en apparence, mais peut-être plus à craindre que celle de Robespierre

Le premier tiers ne fut pas assez nombreux pour alarmer les factieux : il avoient à opposer le parti plus nombreux des conventionnels, qui s'étoient perpétués contre le vœu du peuple, et même contre la teneur de la constitution, quoique leur ouvrage. Mais un second tiers formoit tout-à-coup une majorité peu dis-

A

posée à favoriser le despotisme et le brigandage du Directoire. Aussi fut-il question de l'écarter. Cependant le premier prairial arriva, et le second tiers fut installé. Dès les premières séances la majorité manifesta son amour pour l'ordre et la justice. Mais à chaque loi révolutionnaire qu'on rapportoit, la montagne crioit à la contre-révolution.

Le Directoire vouloit la guerre, les Conseils réclamoient à haute voix la paix. (1)

Le Directoire, par des messages répétés et de faux états du trésor National, essaya d'inquiéter le Conseil des 500 pour déterminer de nouveaux impôts : mais le Conseil informé par ses commissions sur le véritable état de ce trésor, persista à ne chercher de ressource que dans l'ordre et l'économie.

Il se forma dès-lors dans le Directoire un triumvirat pour travailler à la dissolution du Corps Législatif.

Barthelémi étoit trop honnête pour s'y prêter. On l'écarta des délibérations secrettes.

Carnot lui-même refusa de s'associer au complot et ces deux directeurs firent différentes protestations contre les arrêtés du triumvirat, qui dès-lors jura leur perte.

---

(1) Si le Directoire a fait une espèce de paix avec l'Empereur depuis le 18 Fructidor, c'est pour avoir un prétexte de calomnier les Conseils ; et pour y parvenir, il a vendu l'état Vénitien à l'empereur. Le Directoire a eu aussi pour motif d'établir plus facilement le régime militaire en rappellant les troupes dans l'intérieur, pour réchauffer en sa faveur l'opinion publique qui l'abandonne par-tout. Mais toujours est-il certain qu'il avoit donné à ses commissaires de Lille un ultimatum tel qu'il étoit impossible que l'Angleterre l'acceptat.

(3)

Cependant la France entière bénissoit les travaux
du Corps Législatif ; on croyoit déjà toucher au terme
de ses maux ; et par l'impatience de voir luir un jour
nouveau , on alloit jusqu'à l'accuser de lenteur ; mais
le Conseil des 500 ne vouloit pas rapporter les loix en
masse comme on a fait au 18 Fructidor , il se con-
tentoit d'aller toujours en avant d'un pas égal et
ferme ; et c'est ainsi qu'il se conduisit jusques au moment où il fut arrêté dans une de ses plus importantes
résolutions par le Conseil des anciens, dont quelques
membres qui avoient de l'influence sur leurs collègues
furent séduits par des promesses que le Directoire
leur fit et ne tint pas. Je veux parler de la résolution
sur les négociations.

Le renvoi de cette résolution fut comme un coup
de baguette qui paralysa le Conseil des 500. Il se
forma plusieurs partis dans la majorité même. Il arriva
ce qu'on verra perpétuellement dans un Corps collec-
tif et nombreux , où les gens fermes , mais isolés ,
se trouvent en trop petit nombre pour lutter long-
tems contre une faction hardie , employant tous les
moyens , toujours prête à commettre de nouveaux
crimes pour justifier les anciens , et armée de la puis-
sance physique qui entraîne nécessairement les gens
foibles et indécis.

Les députés des anciens , trompés dans leur attente,
revinrent à nous en protestant qu'ils ne nous aban-
donneroient plus; mais le Directoire leur fit de nouvelles promesses , et dans l'espoir sans doute de ra-
mener l'union entre les deux autorités supérieures ,

A 2

(4)

ils cédèrent de nouveau, et furent trompés une seconde fois.

L'audace du Directoire et de la Montagne, s'accrut en porportion de l'affoiblissement du Corps Législatif. On afficha des diatribes contre le Conseil des 500. Et le Triumvirat leva l'étendart de la révolte pour agir militairement.

On rassembla dans Paris une foule de brigands ; les amnistiés, les assassins révolutionnaires. On fit arriver cinq à six mille officiers destitués et vendus au Directoire par l'espoir d'être replacés, et on donna ordre au général Hoche de détacher 25000 hommes de l'armée de Sambre et Meuse, et de marcher sur Paris. On sait que cet ordre fut donné à l'inçu de Carnot, président, ainsi que du ministre de la guerre, qui seul auroit dû assigner le mouvement des troupes sur la demande du Directoire. Ce fut par hasard que ce ministre en fut instruit par une lettre des officiers municipaux de la Ferté, qui se plaignoient à lui de la quantité de troupes qu'un commissaire de guerre les chargeoit de loger. Le ministre, pour s'éclaircir du fait, courut chez Carnot, qui déclara n'en avoir aucune connoissance.

Les Triumvirs ne s'en tinrent pas là. Dans la crainte que les déparremens ne pussent la défense du Corps Législatif, ils dictèrent aux armées ces adresses menaçantes, qui ont été imprimées dans les journeaux, et firent en même-tems publier que deux généraux marchoient sur Lyon, avec des divisions de l'armée d'Italie, et que Buonaparte les suivroit, si les Con-

(5)

seils résistoient. On avoit nommé, depuis plusieurs
jours, une Commission pour la réorganisation de la
garde nationale ; Pichegru fit le rapport. Henri-Lari-
vière proposa de délibérer à l'instant sur cette mesure, comme la seule qui pût sauver la patrie dans le
danger pressant où elle se trouvoit. Mais le parti Jacobin, qui ne vouloit que gagner du tems jusqu'au
18 Fructidor, reclama l'ajournement, qui fut dé-
crété, et on se contenta de faire un message au Directoire sur l'arrivée des troupes à la Ferté.

Carnot, président, fit, au nom du Directoire, une
réponse évasive, qui décida l'envoi du second message.

Le Directoire avoue alors qu'il y a eu ordre de
faire marcher des troupes à une distance éloignée, et
persiste à dire qu'il ignore qui a tracé l'ordre de route ;
que jusqu'à présent il ne connoît que le citoyen Le-
sage, commissaire des guerres à Charleville, pour
avoir prévenu les officiers municipaux de la Ferté-
Alais du passage des troupes.

Ainsi, tandis que le crime veilloit sans cesse au
sein des conciliabules secrets des Triumvirs, qu'ils
soudoyoient une foule d'espions, ils feignent d'ignorer ce que tout Paris savoit. Chargés de veiller à la
sûreté publique, ils se déclarent coupables d'une igno-
rance criminelle, pour tromper les Conseils sur un
projet que la journée du 18 Fructidor a si clairement
dévoilé.

Français ! apprenez à connoître vos gouvernans.
Vous saviez que chacun d'eux étoit couvert de crime ;

mais ce n'est plus ici un crime individuel, c'est en corps réuni que Barras, Rewbell et Lépaux, composant la majorité du Directoire, investis de ce pouvoir majestueux que vous leur avez conféré, ou plutôt qu'ils vous ont arraché. C'est cette autorité, chargée de traiter en votre nom de la paix et de la guerre avec les plus grands potentats de l'Europe; c'est enfin ce gouvernement français, qui s'avilit jusqu'à mentir grossièrement, lorsque vous l'interrogez par l'organe de vos représentans. Jugez, par cet attentat, de ce que vous deviez attendre de pareils gouvernans.

Le 8 thermidor, Pichegru fit un nouveau rapport sur les deux messages, démontra l'existence du delit, mais ne proposa que des moyens dilatoires; et le Directoire, enhardi par l'impunité, ordonna secrètement le retour des troupes qu'il avoit fait rétrograder. Les inquiétudes continuoient, mais les suppôts du Directoire les traitoient de *vaines terreurs*, *de chimériques alarmes*, *qu'un génie perfide et cruel cherchoit à inspirer*, *fantômes créés pour exciter des divisions*, et s'écrioient *qu'on vouloit établir un comité de recherches et de salut public.* Ce fut par de telles déclamations qu'ils parvinrent à étouffer la voix des députés clairvoyans, auxquels les symptômes effrayans qui se manifestoient de toutes parts, annonçoient un second 31 mai Cependant, sur un nouveau rapport des inspecteurs, on fit un troisième message au Directoire. Alors, ne gardant plus de mesures, il répondit par une insolente diatribe, dans laquelle, en calomniant le Corps législatif, il l'accusoit des maux dont il étoit lui-même

l'auteur. Ce message fut appuyé par un discours écrit
de Lamarque, ce qui prouvoit la connivence, et que
le message du Directoire lui avoit été communiqué.
Le Conseil des 500 en envoya copie aux anciens, on
nomma des commissions. Tronçon-du-Coudray, rap-
porteur aux anciens, et Thibeaudeau aux 500, ne
dissimulèrent pas les torts du Directoire, ce qui a
valu à Tronçon-du-Coudray les honneurs de la déportation ; mais on ne proposa aucnne mesure repres-
sive. Tout se préparoit pour la journée du 18 Fructidor ; on avoit rassemblé dans Paris une force consi-
dérable ; les rues et les places étoient couvertes de
militaires qui insultoient les jeunes gens et menaçoient
le Corps législatif. D'autres troupes environnoient la
ville ; on avoit poussé la précaution jusques à faire en-
lever les armes et les canons dans les dépôts de Paris
et des environs, dans la crainte que le peuple ne voulût pas s'armer pour la défense de ses représentans ; et
les triumvirs étoient si lâches, qu'ils avoient eu la bas-
sesse de séduire d'avance la garde du Corps législatif,
pour ne laisser aucun moyen de résistance. Il ne restoit
aux Conseils qu'une force morale, une force d'opinion, qui n'avoit alors aucune action, mais qui fait
sans cesse trembler les tyrans sur leur trône, et les en
précipitera avec l'ignominie qui termine tôt ou tard le
sort des scélérats.

Dès la nuit du 18, l'appareil militaire fut déployé,
les troupes occupèrent les ponts ; des pièces de canon
en défendoient le passage ; qu'avoient à craindre les
triumvirs ? un décret des Conseils ! Je voulus me

rendre au lieu ordinaire de nos assemblées, mais j'étois logé dans le faubourg S. Germain, et il me fut impossible de traverser la rivière. Plusieurs colonnes de troupes arrivèrent aux barrières des Tuileries ; Pichegru les vit défiler de la salle des inspecteurs des anciens ; il lui étoit facile d'échapper ; mais Pichegru n'a jamais fui ! Permets-moi cependant, ô Pichegru ! comme ton collègue et comme français, de t'en faire un reproche. Tu pouvois fuir devant des assassins sans flétrir tes lauriers : ta gloire n'étoit pas compromise, et ta patrie attendoit de toi de nouveaux services : ton nom seul feroit aujourd'hui trembler les tyrans, et ces mêmes soldats qui, dans un moment d'erreur, ont osé mettre la main sur toi, voleroient à ta suite pour les exterminer. Ah ! puisses-tu au moins (si tu respires encore), savoir combien de larmes les Français ont répandu sur ton sort, et quels vœux t'ont accompagné.

Trente députés environ pénétrèrent au Conseil des 500, mais ils en furent aussi-tôt arrachés avec violence. Ils se rassemblèrent chez l'un d'eux, où d'autres députés vinrent se réunir, et ils allèrent de nouveau se présenter à la salle des séances ; mais au lieu de les laisser entrer, le commandant des troupes ordonna, par diverses reprises, à la cavalerie de fondre sur eux. Ils se réunirent encore une fois chez un de leurs collègues, où ils furent poursuivis par la force armée, et ne prirent point d'arrêté. Ils n'avoient, au surplus, aucun moyen d'exécution. C'est ainsi que cessa d'exister le Conseil des 500. Je laisse aux députés des anciens le soin de publier ce qui se passa chez eux.

Les murs de Paris étoient déjà tapissés d'affiches, parmi lesquelles se trouvoit une proclamation remarquable du Directoire aux citoyens de Paris. On y lisoit : « Un grand nombre d'égorgeurs de Lyon, d'émigrés, de brigands de la Vendée, ont attaqué les postes qui environnent le Directoire exécutif, mais la vigilance du gouvernement et des chefs de la force armée, a rendu nuls leurs criminels efforts ».

Que d'absurdités et de perfidies dans cette affiche directoriale !

Tout Paris savoit que le crime s'étoit consommé sans brûler une amorce ; et même les voisins du Luxembourg n'avoient apperçu aucun mouvement. Tout étoit dans la stupeur. Mais si réellement il y avoit eu une attaque dans laquelle la force armée du Directoire avoit triomphé, où étoient les blessés, les morts et les prisonniers ? Quels étoient les chefs des assaillans ? Pichegru, Villot, que faisiez-vous à la salle des inspecteurs, au lieu de marcher à la tête des conspirateurs ? Mais il faut expliquer cette contradiction entre les faits et le récit que les agens directoriaux n'ont pas prévue.

Les affiches du Directoire avoient été imprimées d'avance ; il avoit compté que quelques individus chercheroient à se défendre, et qu'alors il parviendroit facilement à persuader qu'il avoit été lui-même attaqué. Peuple de Paris, comme on se joue de ta crédulité !

Mais voici une autre pièce non moins curieuse, qui atteste l'impudence du Directoire. Le 18, au soir, il envoie un message aux députés siégeant à l'Odéon, dans lequel il s'exprime comme il suit :

« Le Directoire Exécutif s'empresse de vous faire part des mesures qu'il a été forcé de prendre pour le salut de la patrie, etc. S'il eût tardé un jour de plus la république étoit livrée à ses ennemis.... C'es du lieu même de vos séances que les conjurés corres- pondoient cette nuit avec leurs complices.... C'est là enfin, ou dans les environs, qu'ils essayent de fair des rassemblemens séditieux, qu'en ce moment l police s'occupe de dissiper ».

O vous ! Députés rassemblés à l'Odéon, à qui reste encore le sentiment de votre caractère, n'ête vous pas indignés du mépris avec lequel le triumvir vous traite ! Espère-t-il de bonne foi vous persuade que vos collègues dénués de tout moyen de défense sans armes, sont assez insensés pour tenter de les dé trôner, entourrés comme ils le sont, d'un appare militaire des plus imposans ? Que vingt-quatre heur plus tard, la république étoit livrée à des ennem *qu'on ne connoît pas !* Voudroit-il vous donner s rieusement pour un rassemblement séditieux, u poignée de citoyens paisibles, rassemblés sans arme autour du lieu sacré de vos séances, témoins du spe tacle touchant de députés fidèles à leurs manda cherchant à pénétrer dans ce sanctuaire d'où ils so repoussés avec férocité. Non, sans doute. Et no vous plaignons du rôle qu'on vous fait jouer. Ma les triumvirs vous commandent insolemment, sous le canon et les bayonnettes, de dire au peuple ce que vous ne pensez pas, et vous interdisent toute réflexion.

C'étoit sur un arrêté du Directoire que les députés s'étoient rassemblés à l'Odéon et à l'École de médecine. Et dans cette même séance, ce squelette décharné qui n'étoit pas même en nombre compétent à l'Odéon pour délibérer, casse les élections de 48 départemens, *reconnues légales par l'intégralité du Corps Législatif*, et destitue 144 députés. Il en condamne 53 à la déportation, ainsi que deux directeurs, un ancien ministre, plusieurs généraux, et les déclare chef de rebelles. Il a depuis assujetti à la même peine presque tout les journalistes qui ne prêchoient le jacobinisme. Il exile du territoire français une foule immense d'habitans reconnus pour n'avoir jamais émigré; (1) sequestre de nouveau leurs biens; renverse l'ouvrage des assemblées primaires, et autorise le Directoire à nommer aux places de juges, etc. Que d'infractions à-la-fois à la constitution ! Il seroit trop long de les rapporter ici, on en trouvera le détail à la fin de cet écrit.

- Mais, dit-on, le Directoire n'a fait que suspen-

---

(1) Beaucoup de français ont été inscrits sur des listes supplémentaires d'émigrés, dans un tems où il n'étoit plus question d'émigrer, et sans avoir quitté un seul instant la France. Ils n'ont pas eu de peine à se faire rayer provisoirement par leurs départemens respectifs, qui connoissoient la vérité; mais la plupart ne se sont pas occupés d'obtenir une radiation définitive qu'il falloit payer très-chèrement aux créatures du Directoire, et les nouveaux décrets ont exilé ces malheureux de leur patrie.

dre pour un moment l'exécution de l'acte constitutionnel , afin de le mieux assurer pour la suite.
Pour un moment ! Et de quel droit ? Il a rompu la
chaîne qui lie le tout ensemble, et c'est un crime de
lèze-nation.

N'est-ce pas ici le cas de rappeler les sentences que
Lamarque prononçoit avec tant d'assurance à la tribune du Conseil des 500, le 23 Thermidor, et que
j'ai pensé plus propres à servir d'épigraphe à cet écrit
que les autorités des plus grands publicistes.

« Les autorités suprêmes , disoit-il alors , soit le
Directoire , soit le Corps législatif, n'ont de pouvoir
et de caractère , que par l'acte constitutionnel. Par
l'effet de la violation ils perdroient ce caractère, et ce
seroit le plus absurde comme le plus atroce des sophismes, de dire de la part d'une autorité quelconque : Je viole la constitution , &c. Je le dis donc
avec confiance , ajoutoit - il, la constitution ne sera
pas violée , &c. (1) ».

Triumvirs , vous êtes jugés par les vôtres ; poursuivons.

Les loix bienfaisantes sont rapportées , les loix révolutionnaires remises en activité. Tout cela s'opère
en masse et sans examen. Comme ces secousses violentes , produites par des feux souterrains , transforment des contrées peuplées et fertiles en déserts
arides , creusent des abîmes , replongent la nature

---

(1) C'est ce même Lamarque qui a présidé aux séances du
18 Fructidor , où l'on a commis tous les délits qu'il condamnoit le 23 Thermidor.

dans le cahos, de même le génie destructeur du 18 Fructidor renverse en un instant l'ouvrage de plusieurs mois, et nous reporte au tems affreux de Robespierre. Et cette nouvelle révolution si étonnante, si incompréhensible, s'opère par des moyens usés, et employés de tout tems parmi les Jacobins ; une conspiration royaliste dont le foyer étoit au Conseil des 500 ; des élections inflencées ; et le Directoire transmet aux députés, assemblés à l'Odéon, les pièces authentiques qui ne laissent aucun doute sur cette vaste conspiration qu'on dit avoir amené la république sur le bord de l'abîme, et qui l'auroit engloutie avec les républicains, si le Directoire avoit dormi une nuit de plus.

La première de ces pièces est intitulée : Lettre du Prince de Condé à M. Imbert-Colomès de Lyon, &c. Je la transcris littéralement avec les réflexions du Directoire.

« Le roi ayant jugé à-propos d'envoyer M. de Bésignan à Lyon, je vous invite, M. à le recevoir avec tous les égards dus à un homme honoré de la confiance de sa majesté. Je profite de cette occasion pour vous renouveller les assurances de la satisfaction de sa majesté et de mon sincère attachement ».

Il résulte de cette lettre :

1°. Que M. Imbert-Colomès étoit l'agent du roi.

2° Que sa majesté *Louis XVIII* étoit très-contente de ses services.

3°. Que M. Imbert-Colomès jouissoit du plus grand crédit auprès de son maître ; puisque M. de

Bésignan mettoit tant d'importance à obtenir cette lettre.

4°. Et enfin, M. Imbert-Colomès n'est point républicain, et ne peut en conséquence siéger au Corps législatif.

Je réponds, 1°. que cette lettre étant écrite par une tierce personne, quelque grave que soit son autorité, ne peut m'être présentée comme pièce de conviction.

2°. Cette lettre ne prouve rien de tout ce que le Directoire en conclut.

3°. Cette lettre est non-seulement suspecte, mais elle est fausse, je le démontrerai.

J'ai dit d'abord qu'elle ne prouvoit rien quand même elle seroit authentique. Quoi! parce que M. le *Prince* de Condé m'auroit recommandé un homme qu'il dit honoré de la confiance du roi, on conclut que j'ai conspiré.

Croit-on que *Louis XVIII* a perdu de vue la France et qu'il ne s'informe pas de la moralité de ceux qui ont marqué dans le principe de la révolution? J'ai été du nombre; on sait qu'à cette époque le commandement de la ville de Lyon m'étoit confiée. Et parce que *le Roi* auroit su que je n'étois pas un scélérat comme Barras, Rewbel et Lépaux; parce qu'il lui auroit plu de me désigner comme un homme qu'il estimoit, il s'en suit que j'ai conspiré. Quel seroit le juge assez inique pour me condamner sur de pareilles conjectures! mais ce n'est là qu'un raisonnement pour le cas où la lettre en question seroit au

thentique

thentique ; et elle porte au contraire tous les caractères de fausseté.

On n'a jamais arrêté Bésignan, qui auroit été évidemment coupable , puisque ses sollicitations, pour avoir cette lettre annonçoit ses projets , et cependant i' se promenoit publiquement à Lyon à l'époque où on poursuivoit ceux qu'il avoit inscrits sur sa liste, et le bureau central dévoué au Directoire , et qui avoit droit de le faire arrêter, ne pouvoit pas l'ignorer.

Il y a deux ans que ses papiers ont été saisis, et jamais on n'a parlé de cette lettre ; donc elle n'existoit pas , ou au moins l'estimoit-on très-insignifiante.

On peut la regarder , ainsi que tout le roman de Bésignan , comme un instrument factice de terreur et de persécution. On a arrêté à diverses reprises, sous ce prétexte , des citoyens irréprochables , et les juges les ont renvoyés après le premier interrogatoire, avec indignation contre les accusateurs. Mais c'est un moyen vexatoire que le Directoire conserve dans ses mains, et en ce moment il fait revivre cette prétendue conspiration pour augmenter la terreur.

Ce n'est pas au surplus la seule lettre suspecte. Le Directoire , dans son message du 20 Fructidor au Conseil des 500 , annonce trois autres lettres écrites par Bésignan , dans lesquelles est-il dit , il fait mon éloge , et par cette raison , j'ai conspiré. Le directoire croit-il le public assez inepte pour se laisser convaincre par de tels raisonnemens. Mais je demande comment des lettres écrites par Bésignan , se trouveroient dans son porte-feuille , si elles n'y étoient pas

B

.insérées par le Directoire ou d'accord avec lu

Mais pour terminer cette discussion et dévoilei l'atrocité des triumvirs , je déments formellemei cette prétendue lettre du Prince de Condé, et je d clere hautement qu'elle est supposé, ou par le D rectoire, pour donner du relief à une conspiratic imaginaire, ou par Bésignan lui même, pour qualifier d'agent du roi. J'ai voulu m'assurer de réalité de cette lettre ; j'ai cru de mon devoir d'écri à M. le Prince de Condé, qui m'a répondu n'avc remis aucun écrit à Bésignan ; et j'ai sa réponse da mes mains. Certes , je ne ferai pas l'honneur à Ba ras Rewbel et Lépaux , de mettre en parallèle le rémoignage avec celui de M. le Prince de Cond Et comment ce Prince auroit-il pu donner une tel lettre , tandis que, d'un autre côté, je suis parvei à acquérir la certitude que le Roi n'avoit donné a cun témoignage de confiance à M. Bésignan.

L'accusation que vous avez dirigée contre m tombe donc au néant ; et si la justice pouvoit se fai entendre sous votre empire, j'irois me présenter a juges, et je leur dirois : Me voilà ! jugez-moi. M je ne veux pas me borner à repousser l'accusation Directoire, je vais moi-même l'accuser, et j'emploi rai ses propres armes, savoir, la troisième lettre Bésignan , que le Directoire a produite. Je la trar cris telle qu'il l'a donnée.

Lettre de Bésignan au Prince de Condé.

« MONSEIGNEUR, ce que j'avois tant raison

craindre est donc arrivé, ... Votre altesse se rappelle
toutes les scènes variées qu'on a jouées à mon égard;
mais elle ne se seroit pas attendue que M. Vickam,
après lui avoir dit que tout étoit arrangé; que puisque je consentois à servir sous les ordres de Messieurs
de Précy et de Chavannes; il ne voyoit pas d'incon-
vénient à m'envoyer à Lyon; qu'il écrivoit pour pré-
parer les esprits à me recevoir. Votre altesse ne s'attendoit pas, dis-je, que le même M. Vickam me
diroit à présent que *la terreur est à Lyon*, que M.
Imbert-Colomès et autres ont été obligés de se cacher, &c.

» Mais, dans tous les cas, j'ose espérer que votre
altesse ne me laissera pas plus long-rems ici, sans une
lettre pour M. Imbert-Colomès, aux fins sur-tout de
me faire rentrer mes derniers déboursés qui se mon-
tent à 5568 liv. (1) ».

Le Directoire a sans doute jugé qu'il ne suffisoit
pas de me présenter comme agent du Roi, n'ayant
aucune preuve que j'eusse agi. Il a imaginé de me
qualifier du titre de son trésorier; et il a cru en donner une preuve authentique, en faisant paroître un
homme qui réclamoit une somme, sollicitoit une
lettre pour que je le remboursasse. Mais le Directoire n'a pas apperçu que cette lettre portoit avec elle
la preuve *de sa fausseté*. Elle est sans date de jour et
de lieu; mais elle parle de la terreur qui régnoit à

---

(1) Il paroît aussi que M. Imbert-Colomès étoit à Lyon le
trésorier du Roi de Blanckembourg.

B 2

Lyon, et raconte que *j'étois obligé , ainsi que d'au*
tres , de me cacher. Mais j'observe que cette terreu
n'avoit été inspirée à Lyon que par la saisie des pa
piers de Bésignan, contenant une liste de deux cen
citoyens de Lyon ou des départemens voisins, sur l
quelle ils avoient été inscrits par Bésignan, *comn*
ayant les qualités réquises pour travailler à une cor
tre-révolution. Ainsi cette lettre n'a pu être écrite qu'
près la saisie des papiers, elle n'a donc pas été trouvé
dans le fameux porte-feuille, et il est *démontré* qu'el
a été *ajoutée* après coup par Bésignan, et livrée au D
rectoire, ou qu'elle a été *fabriquée* et *supposée* par
Directoire lui-même. Triumvirs, répondez à ce d
lemme *si vous pouvez.* Voilà comme le crime se trah
lui-même (1).

On ne sera pas étonné, au surplus, d'aussi infâm
machinations , lorsqu'on saura que Merlin étant m
nistre , donnoit à ses commis des lettres et papiers i
signifians , en leur disant : travaillez sur cela,
trouvez-y une conspiration ; et que Cochon a été de
titué pour avoir refusé de se prêter à de pareilles m:
nœuvres. Dieu tout-puissant, dans quelles mains a:
tu livré l'empire ?

Mais, direz-vous, triumvirs, je ne suis pas répu
blicain! donc je ne peux pas siéger au Corps législati

D'abord, je n'ai aucune espèce de compte à voi
rendre de mes opinions. La constitution et le dro

______

(1) L'évidence de la fausseté de cette lettre indique la me
sure de confiance que méritent toutes les pièces produites par
Directoire. AB UNO DISCE OMNES.

naturel me laissoient à cet égard la plus grande latitude. Il m'étoit libre de penser qu'un gouvernement
républicain convenoit mieux à la France, ou qu'elle
jouiroit de plus de repos et de vraie liberté sous une
monarchie sagement tempérée.

Mais enfin, le gouvernement républicain existoit,
je m'y suis soumis. De fait, je n'ai jamais troublé
l'ordre public. Appelé à la législature, j'ai voté pour
le maintien de la constitution, sans même examiner
comment elle fut acceptée, et j'ai été fidèle à mon
mandat. Vous n'avez rien à me demander de plus.
Mon opinion est à moi, je ne dois compte que de
mes actions. Ouvrez la constitution et lisez. Art. 353.

Nul ne peut être empêché de dire, écrire, imprimer et publier sa pensée. Je ne me suis cependant
permis ni d'imprimer ni de publier mon opinion.
Mais à mon tour je vous dirai : êtes vous républicains ? vous qui exercez une autorité plus tyrannique
que celle des plus fiers tyrans de l'Asie ; je vais encore plus loin, vivons-nous aujourd'hui dans une
république ? Parcourez l'histoire de tous les peuples
qui ont habité le globe, et citez l'exemple d'une république où l'on ait tenté sans accusation, sans confrontation, sans jugement, ce qu'on a exécuté le
18 Fructidor.

Non ! depuis cette fatale journée, il n'existe plus
de république en France ; on a franchi le degré de la
monarchie pour arriver d'un seul bond du républicanisme au despotisme le plus absolu. L'équilibre
dans les pouvoirs est rompu. Trois tyrans compri

ment les députés honnêtes qui siégent encore dans les soi-disans Conseils, et ne conservent ce simulacre de Corps législatif, que pour jetter sur lui leurs iniquités, et comme un instrument passif qu'ils font servir à leur gré, et qu'ils mettront de côté lorsqu'ils n'en auront plus besoin. Mais aussi long-tems qu'on les laissera faire, ils empoisonneront, fusilleront, déporteront, séquestreront, pilleront, destitueront toûjours, *au nom du peuple français*, en lui faisant accroire que c'est en lui que réside la souveraineté. Je passe aux autres pièces de la conspiration.

Depuis long-tems on annonçoit qu'on en feroit trouver une dans les papiers de M. d'Antraigues. On prévoyoit que le Directoire en auroit besoin, et une conversation est arrivée fort à propos au secours.

J'admire d'abord la mémoire de ce M. d'Antraigues, qui auroit pu se rappeler tous les détails d'une conversation aussi longue et aussi minutieuse. Mais que devient cette fameuse pièce, lorsqu'on apprend que M. d'Antraigues publie un mémoire, par lequel il déclare que dans les papiers contenus dans son porte-feuille, il n'y a pas le plus léger indice de conspiration, et il envoie l'inventaire.

En même-tems, Fauche-Borel annonce authentiquement dans un imprimé, qu'il n'a eu aucune relation avec Montgaillard ; qu'il n'a jamais été chargé par M. le Prince de Condé, ni par Montgaillard, ni autre de porter aucune lettre au général Pichegru, *qu'il ne lui a jamais parlé, qu'il ne le connoît pas.*

J'observe ensuite que la copie de cette conversation a été, dit - on, saisie le 5 prairial, et qu'au 18 fructidor, Montgaillard étoit libre dans Paris, quoique, suivant la conversation qu'on a publiée, il fût le principal conspirateur, puisque c'est lui qui patoît séduire Fauche-Borel, Courant et Pichegru, seuls acteurs présentés sur la scène.

Reste à examiner la déclaration de Duvergne-du-Prêle, ou Dunant. « Je n'hésiterois point, dit-il, à entreprendre ma délation, quand même je n'aurois pas pour me rassurer *l'engagement que vous avez pris avec moi. Voilà un aveu précieux.....Je trahis.....* je le sais..... mais je crois ma délation courageuse, quoique je sois persuadé qu'elle sera généralement regardée comme un acte de lâcheté, &c. »

Peut-on ajouter quelque confiance à la déposition d'un homme qui annonce une ame aussi vile, qui est dans les fers, qu'on a séduit d'avance *par un engagement*, et à qui il est si facile de faire dire tout ce que l'on veut par crainte ou par intérêt ? mais que dit-il au surplus ?

Dans sa première déclaration, voici ce qu'on lit : « C'est dans les Conseils que nous avons trouvé plus de facilité. Dès le mois de juin de l'année dernière, il nous fut fait des propositions au nom d'un parti qui se disoit très-puissant ; nous les transmimes au Roi, &c. »

Et cependant il ne dit pas par qui ces propositions furent faites, et ne désigne aucun chef de ce parti si puissant. Quel sera l'être assez crédule pour croire que Dunant, chef de conspiration ; a été assez inepte pour recevoir des propositions de cette importance sans savoir de qui elle venoient. On lit plus loin :

« Il est parti, il y a deux mois, quelqu'un, *qui, à ce que je crois,* a porté au Roi la liste des membres qui desirent la monarchie, et dont le nombre s'élève à 184 ; *je n'affirme rien sur ce fait :* » et dans la seconde déclaration il dit : Nous ne connoissons pas les membres du Corps législatif qui sont de notre parti ; il nomma seulement *Lemere* et *Mersan.* Aucune des autres pièces ne fait mention de membres du Corps législatif ; et une observation precieuse, c'est qu'elles sont de très-ancienne date.

Ce sont d'abord des lettres de 1795, ensuite une conversation du 4 décembre 1796, qui rappelle des faits antérieurs d'un an, sans qu'on en articule un seul qui annonce une série depuis cette époque.

Pichegru devoit livrer les places fortes avec son armée ; mais Pichegru n'est plus général ; il n'a plus d'armée, et on a l'impudence de vous dire : un jour plus tard, la république étoit livrée a ses ennemis.

On m'accusera peut-être de répétition, mais dans un procès aussi important, on ne doit pas craindre de s'appesantir sur l'examen des pièces qu'on donne pour être d'une force irrésistible, et qui sont cependant si ridicules. Je vais les récapituler en peu de mots.

1°. Une lettre de M. le Prince de Condé à M. Imbert-Colomès.

Je répond qu'elle m'est étrangère : d'ailleurs, elle ne me désigne point comme agent du Roi ; et eufin je donne la dénégation la plus formelle sur la réalité.

2°. Trois lettres écrites par M. Bésignan dans lesquelles il parle de moi.

Je ne le connois d'aucune manière, et il seroit singulier qu'on voulût me rendre responsable du bien ou du mal qu'il plait à un homme de débiter sur mon compte. Enfin, il n'y a pas un seul fait articulé qui puisse me compromettre ; cependant je ne dois compte à l'association publique que de mes actions.

3°. Arrive la conversation entre Mrs. d'Antraigues et Montgaillard ; tous les détails annoncent qu'elle est fausse. M. d'Antraigues la dément. Fauche affirme que ce qui le concerne est faux : et M. Montgaillard n'a rien dit encore. Mais c'est le principal conspirateur, *s'il y en a.* Et environ quatre mois après la saisie de la copie de cette conversation, il étoit libre dans Paris.

4°. Quant à la déposition de Dunant, elle ne parle ni de Pichegru ni de moi. Dunant articule qu'il croit une liste de 184 membres *partisans de la monarchie*, mais il n'en est pas sûr. Il ne dit pas *qu'ils ont conspiré.* Il ne cite pas un seul fait à leur charge, ne nomme que deux députés, n'accuse que *leurs pensées* et jamais leurs actions.

Mais après avoir analysé les pièces, jetons un coup-d'œil sur les hommes dont elles émanent.

Le premier est M. Bésignan, connu par quelques troubles qu'il excita, dit-on, dans le Forêt ; il y a deux ans qu'il s'est fait passer pour agent du Roi, et qu'il ne l'étoit pas. Homme d'une imagination ardente, qui, en 1795, fit, à lui seul, dans l'étranger, un projet de contre-révolution, où il désigna deux cents citoyens paisibles qui ne le connoissoient pas, le porta en France. Ses papiers furent saisis à l'entrée, et on n'a jamais cherché à le faire arrêter.

Le second, est M. Montgaillard, qui, suivant une conversation qu'il auroit eu avec M. d'Antraigues, se seroit donné pour agent principal d'une conspiration, et seroit libre en France.

Le troisième, est un homme condamné, qui déclare lui-même qu'il est *un traître*, et qui doit nécessairement dire tout ce qu'on veut au prix de sa liberté.

Voilà, Français, le résultat de ces pièces d'une *authenticité incontestable*, qui racontent les *complots*, nomment les *conspirateurs*, et développent *le fil des trahisons*.

Ces *complots* se réduisent à celui qu'on attribue à un seul député, Pichegru; mais il est invraisemblable et les pièces de *conviction* sont déclarées fausses. On nomme trois autres conspirateurs, Mersan, Lémere et moi. Mais je déclare que la principale est fausse, deux d'entre elles ne valent pas la peine d'être discutées. Je parlerai plus loin de la troisième; et on ne cite aucun fait à la charge de ces trois conspirateurs. Quant *au fil des trahisons*, il est interrompu depuis deux ans pour Pichegru et moi. Boulay de la Meurth se chargera sans doute d'en suivre la trace et de le renouer, lui qui voit si clairement ce que les autres ne voient pas. Ecoutez, Français, cet oracle à la tribune de l'Odéon, dans la séance du 18 Fructidor, le soir.

Il suppose d'abord le peuple debout, *sans doute*

pour l'écouter, et puis il dit : « La paix avec les puissances belligérantes paroît éloignée, la guerre intestine existe ; le nom de républicain est avili : tout cela, citoyens représentans, est l'ouvrage d'une *grande conspiration*, dont l'objet est d'anéantir la république et la liberté ; de rétablir le trône, la noblesse, le clergé, la féodalité, &c.

» Cette conspiration, poursuit l'orateur, est prouvée *matériellement* par les pièces que le Directoire a mises sous vos yeux. Si un tribunal avoit à la juger dans les formes ordinaires, il ne pourroit pas s'empêcher d'en prononcer l'*existence*, et d'en punir les auteurs, &c. »

L'orateur auroit dû ajouter : mais si nous permettions que ces conspirateurs se pourvussent à un tribunal régulier, leurs réponses nous confondroient. D'accusateurs nous deviendrions accusés, et nous subirions le jugement que la providence nous prépare, mais que nous retardons en cumulant crimes sur crimes. Ainsi notre sûreté exige que nous éloignions à jamais de notre république ces conspirateurs audacieux, qui oseroient en appeler au tribunal du peuple, et nous punirons de deux années de fer, quiconque lira les protestations des coupables qui échapperoient à notre vengeance (1).

Revenons à la suite des dépositions. — Dunant a déclaré *qu'il croyoit*, mais *qu'il n'affirmoit pas* qu'on

______

(1) Les journaux ont annoncé qu'un homme a été condamné à deux années de fer, pour avoir lu à des femmes l'adresse de Camille-Jordan aux Lyonnais. Voilà la liberté républicaine.

avoit envoyé au Roi une liste de 184 membres partisans de la royauté ; en conséquence, le Directoire
déclare à l'assemblée de l'Odéon, que, par sa vigilance, il a découvert une grande conspiration, dont
le foyer est dans le Corps législatif, et par conséquent
dans le Conseil des 500, qui a l'initiative.

Ah ! plut au ciel eussions-nous conspiré. Nous le
devions pour prévenir les scélérats ; mais je l'atteste
avec regret, jamais il n'a été question de conspiration
dans le Conseil des 500, et voilà notre crime. Cette
assertion de ma part vaudra bien au moins, aux yeux
de ceux qui me connoissent, les vagues déclamations
faites à l'Odéon.

Un reproche que le Directoire et ses orateurs ont
souvent répété, est que le Conseil des 500, par ses
différentes résolutions, a altéré le crédit public. En
attendant qu'on fasse paroître quelque ouvrage sur
les finances, qui pourra contenir des détails curieux,
examinons si ce reproche est fondé, et prenons pour
règle le cours des inscriptions à la bourse de Paris.
C'est un thermomètre sûr. Au 2 floréal, les inscriptions valoient 10 liv. 10 f. L'approche des élections
et la certitude qu'elles seroient bonnes, élevèrent
successivement le prix dans le courant de ce mois, et
au premier prairial elles étoient à 25 liv. Les dispositions que la majorité des Conseils manifesta dès les
premiers jours de la nouvelle session, n'altérèrent pas
le crédit, car les inscriptions s'élevèrent encore gra-
duellement, et au 20 prairial elles étoient à 33 liv.
prix qu'elles conservèrent sans variation conséquente

jusqu'au 30. Dans la séance de ce jour, on arrêta que le Directoire et ses ministres n'auroient plus le droit de surveillance sur les négociations de la trésorerie. Cette résolution souleva le parti jacobin, parce qu'elle tarissoit la source des dilapidations du Directoire. Jusques à cette époque, la majorité des deux tiers avoit triomphé, et ses décrets n'avoient pas porté coup au cours des inscriptions ; car le 2 messidor le prix étoit encore à 32 liv. 10 f. malgré les cris directoriaux qui annonçoient les difficultés que cette dernière résolution rencontreroit aux anciens. Mais dès qu'on crut appercevoir qu'elle seroit rejettée, le cours déclina. Au 3 messidor, le prix étoit à 29 liv. ; le 6, à 28, et le 9 messidor, jour du rejet de la résolution, elles tombèrent à 27 liv. Depuis cette époque fatale, elles ont baissées constamment, à mesure des nouvelles usurpations du Directoire. Le 16 messidor il envoie aux Cinq-Cents un message sur la ville de Lyon, dans lequel on démèle sa perfidie ; il étoit déjà question des clubs, on s'opposoit vivement à la liberté des cultes. Le 18, les inscriptions restent sans cours jusqu'au 25. Le prix s'établit alors à 22 l. Le 2 thermidor, l'enceinte constitutionnelle est violée, les inscriptions restent de nouveau sans cours : le 4, elles se fixent à 18 liv. 10 f. : le 14 fructidor on les côtoit encore 15 liv. 15 f. : le 17, à 14 liv. : du 18 au 22, point de cours : au 22 fructidor, il étoit à 11 liv. 5 f. et au moment où j'écris, le prix est aux environs de 8 liv.

Ces détails n'ont pas besoin de commentaire. Ils

suffisent pour établir quel est le parti qui a inspiré le
plus de confiance à la nation. La majorité des deu
tiers, ou le Directoire, assisté de toute la factio
jacobine. Les triumvirs ne se contentent pas d'accuser
ils condamnent. D'accord avec cinq à six meneurs de
soi-disant Conseils, ils excluent du Corps législati
183 membres, dont 53 doivent être déportés. Il
élaguent ainsi les Conseils avec la même facilité qu'un
tailleur d'arbres sépare du tronc les branches parasites
Ils écartent tout ce qui peut s'opposer à leur volonté
enveloppent dans la proscription deux directeurs, de
généraux, un ministre et grand nombre de journalistes. Ils choisissent par préférence la peine de dé
portation dans des *Isles désertes*, parce que ce moyen
juste, doux et humain évite les confrontations, e
assouvir leur rage, sans renouveller ces spectacle
horribles où le sang couloit à grands flots sous le fe
de la guillotine, ce qui pourroit émouvoir et ré
volter le peuple. Mais pour répandre la terreur, il
enfermeut Barthelémy, Pichegru, Villot et leur
co-arrêtés dans des espèces de cages de fer, comm
des bêtes féroces, et promènent au travers de l
France ces honnorables victimes de leur scélératesse

Mais supposons que Pichegru, Mersan, Lémere
et moi, eussions réellement trempé dans une conspiration. Pourquoi n'a-t-on pas suivi la forme que
prescrivoit la constitution pour nous mettre en éta
d'accusation ? Voilà un premier crime.

Et pourquoi nous priver du droit qu'a tou
homme libre d'être jugé par un tribunal régulier

Deuxième crime plus grave que le premier. Pourquoi enfin nous condamner sans nous entendre ? C'est-là un troisième crime qui n'a pas de nom. Et les triumvirs ont été tout à-là-fois nos accusateurs , nos juges et nos bourreaux. Et comment justifier la condamnation de deux cents individus qui n'ont rien de commun avec les pièces qu'on nous oppose. Quoi ! parce que Dunant dit qu'*il croit* , mais qu'*il n'affirme pas* qu'on a envoyé au Roi une liste de 184 députés dévoués à son parti ; sans connoître cette liste , on exclut des Conseils 183 membres , au hazard de laisser impunis une partie des coupables, *s'il y en a* , et de choisir à leur place des innocens. Peut-on concevoir tant d'audace et d'atrocité?

Mais de quel droit efface-t-on sur la liste des condamnés à la déportation , Thibaudeau , Doulcet , le Normand , et quelques autres. S'ils avoient conspiré avec nous , on n'avoit pas la faculté de les soustraire à la peine méritée. (1).

Cependant un orateur, abdiquant tout principe de justice comme il a abjuré l'honneur , a le front de vanter à la tribune de l'Odéon , *la modération et la justice* du triumvirat. (2).

----

(1) Qu'on ne croie pas au surplus , que je parle ainsi, ni par regret de les voir libres , ni par envie de leur sort ; c'est uniquement pour désigner cette nouvelle infraction à l'acte constitutionnel-

(2) Boulay de la Meurthe , qui dans la séance du 21 Thermidor , avoit voulu déshonorer l'honneur, si je peux m'exprimer ainsi. Il prétendoit que l'honneur, ce sentiment auquel le français est si sensiblé , et qui de tout tems a produit tant de prodiges de valeur , devoit être banni des armées républicaines.

« Le triomphe des républicains , dit-il , ne sera souillé par aucune goutte de sang. Malheur à celui qui songeroit à rétablir les échafauds. Les *propriétés* et les *personnes* , tout sera respecté. La déportation est le moyen le plus conforme à la justice nationale ; et la nation française , toujours *grande* et *généreuse* , fera volontiers un *sacrifice* pour les mettre en état de s'établir en ce lieu ».

Ce même orateur , toujours animé des principes de justice et de modération , paroît quelques jours après à la tribune , et propose bénignement à la loyauté de la nation française , comme un moyen nécessaire pour assurer la tranquillité , de chasser de leur patrie plus de deux cents mille individus , hommes, vieillards , femmes et enfans , en s'emparant provisoirement de leurs biens.

Vous croirez peut-être , Français, que je n'ai plus rien à dire ? eh bien! lisez.

Le 15 germinal , les crieurs publics publièrent dans les rues de Paris , une conspiration royale de *cent quatre-vingt-quatre membres* des deux Conseils.

Le lendemain , 16 , le rédacteur donna comme article officiel le paragraphe suivant :

« La prédiction d'un message du Directoire au Corps législatif , pour dénoncer 184 membres des deux conseils , comme complices de la conspiration royale , et non seulement une rêverie sans aucune

---

Cet orateur a paru tard sur la scène de la révolution ; mais avec la bonne volonté et les dispositions qu'il annonce , il parviendra bientôt aux plus hauts grades du Jacobinisme.

espèce

espèce de fondement ; mais une des plus perfides impostures qu'on ait pu immaginer ; (1) c'est une nouvelle manœuvre de la malveillance, qui n'a d'autre but que de diviser et d'inquiéter. Non seulement il n'a jamais été question de cet objet, mais de rien de semblable, mais de rien qui y soit le moins du monde relatif ; mais de rien qui ait pu seulement en faire naître l'idée dans une tête sainement organisée ».

Cependant, le 12 pluviose, les conspirateurs avoient été arrêtés, et la déposition de Dunant avoit aussi précédé le 16 germinal, puisque le Directoire la donne à la date du 11 ventose ; il résulte donc :

1°. Qu'au 16 germinal, la déposition de Dunant avoit percé dans le public ; mais le Directoire ne jugea pas à propos de se servir, à cette époque, de ce fantôme imaginaire, parce qu'il craignit l'effet qu'une ruse aussi grossière produiroit dans les assemblées primaires, qui étoient en activité, et il chercha à étouffer ce bruit en faisant insérer dans le rédacteur cette note *officielle* et *mensongère*.

2°. C'est une preuve que dès-lors le Directoire méditoit un 18 Fructidor ; et cependant il prétend que c'est la conduite du deuxième tiers qui l'a nécessité.

3°. Ou il existoit véritablement des coupables à l'époque de la déclaration de Dunant, ou il n'y en avoit point.

S'il en existoit, le Directoire, chargé de veiller à la sûreté de l'intérieur, devoit la dénoncer sur-le-

____

(1) Il auroit été plus vrai de dire alors : La prédiction de ce message est prématurée. Il est renvoyé jusqu'au 18 Fructidor.

C

champ. Tout retard étoit un délit, et ne pouvoit avoir
pour but que l'intention perfide de laisser augmenter
le nombre des conspirateurs, pour accroître celui des
victimes ; et il pouvoit être d'autant plus dangereux
pour la sûreté publique, qu'il étoit question d'une
conspiration de 184 membres du Corps législatif.

Mais s'il n'y avoit point de coupables, si cette
annonce de conspiration étoit une *rêverie*, une *imposture*, comme l'annonce le Rédacteur dans son avis
officiel, en date du 15 Germinal, comment les
triumvirs ont-ils aujourd'hui l'audace de produire
cette même pièce qu'ils avoient alors dans les mains
comme preuve authentique d'une conspiration dans
le Corps législatif; car c'est la seule qui en fasse
mention.

4°. On apperçoit par cette conduite du Directoire
qu'il avoit *au moins insinué* à Dunant la manière de
faire sa déclaration. Elle étoit conçue en termes
vagues pour pouvoir servir en tout tems, et on évita
de charger spécialement et de nommer des individus
pour agir militairement, et se dispenser des formes
judiciaires; mais on voit encore ici le crime se trahir
lui-même.

Au 18 Fructidor, le Directoire transmet cette
déclaration à l'assemblée de l'Odéon, comme pièce
authentique de la conspiration de 184 membres du
Corps législasif, et en fait exclure 183, sans réfléchir
que dans ce nombre, la majeure partie du second
tiers est comprise, tandis qu'il n'étoit pas encore élu
au 11 ventôse, date de la déclaration de Dunant.

On ne se contente pas de les exclure, on inscrit sur la liste des déportés plusieurs de ces membres du second tiers, que Dunant n'avoit pu avoir en vue dans sa déclaration, et contre lesquels il n'y avoit pas le moindre signe de dénomination ni individuellement, ni même en masse.

Je m'abstiendrai de toutes réflexions, elles ne pourtoient qu'affoiblir l'indignation qu'excite tant d'atrocités et de perfidie.

Les triumvirs espéroient peut-être soustraire à la lumière une partie de leurs crimes. Mais, eussions-nous tous été transportés dans les îles totalement désertes, notre voix se seroit fait entendre, et n'auroit pas été *vox clamans in deserto.* Eussions-nous même été engloutis dans les flots, des milliers de voix se seroient élevées, au défaut de la nôtre, pour accuser les triumvirs.

Paroissez Carnot, pour donner le dernier coup de pinceau à ce tableau d'iniquités. Venez dérouler à nos yeux l'épouvantable série de crimes secrets, de combinaisons scélérates, qui ont caractérisé chaque délibération du triumvirat. Vous n'avez pas démasqué vos collègues lorsque vous étiez au milieu d'eux. Vous auriez sauvé la France ! Vous n'avez plus de ménagemens à garder. Ouvrez-nous les registres de cette caverne de brigands. Mettez à nud leur ame atroce ; cet aspect fera reculer d'horreur les français, mais ils ont besoin de vives commotions pour les tirer de leur apathie. Vous vivez ! vous êtes libre ! et vous vous taisez ! Ce n'est cependant qu'en traçant

les crimes de ces traîtres , que vous pouvez espére
de faire oublier vos erreurs.

Mais, Peuple français , les triumvirs ont l'audac
de vous accuser aussi de conspiration. Ils vous repro
chent d'avoir nommé des députés et des juges irrépro
chables; ils méconnoissent votre volonté souveraine
cassent vos élections ; et plus à l'avenir votre choi
serc épuré , moins il sera sanctionné ! ils ne veulen
que des députés jacobins ou muets ; ainsi vous n'aure
plus à l'avenir de représentation nationale. Ils vou
imputent la corruption de l'opinion publique , l'ex
tension du royalisme , et les dangers de la république

Ah ! répondez-leur :

C'est vous , Barras, Rewbell et Lépaux, qui ave
propagé le royalisme en faisant détester la république
et c'est vous qui la renversez. La journée du 18 Fruc
tidor nous a prouvé qu'une constitution républicain
n'étoit pour vous qu'un fantôme que vous faisiez dis
paroître à volonté ; vous avez violé celle que nou
avions acceptée. Elle fixoit vos pouvoirs , vous l
avez excédé. Vous étiez chargé de l'exécution de no
loix , vous vous êtes révoltés contre elles et contr
nous. Le Corps législatif avoit droit de prononce
votre accusation, et vous avez porté votre main sacri
lège sur ses membres , jusque dans le sanctuaire don
l'entrée vous étoit interdite. Vous les accusez de cons
piration , et c'est vous seuls qui avez conspiré. Nou
en avons la preuve dans la journée du 18 Fructidor
dans tous les préparatifs qui l'ont précédée ; dans l
genre de peine que vous avez choisi pour priver vo

collègues et nos représentans , du droit naturel qu'a
tout homme libre d'être jugé : nous en avons encore
la preuve dans l'acharnement que vous mettez à pour-
suivre, jusque sur une terre étrangère, ceux qui ont
échappé à votre fureur (1); et dans les mesures que

(1) On sait que Richer - Cérisy , célèbre françois enveloppé
dans la proscription des 53 représentans ; et condamné aussi
illégalement et injustement qu'eux à la déportation , a été arrêté
à Bâle , à la réquisition du citoyen Backer , agent de la république française ; et ensuite livré aux émissaires des triumvirs.
Le gouvernement de Bâle a-t-il bien réfléchi aux suites d'un
pareil acte !

A l'envisager d'abord sous l'aspect du *droit des gens* , en vit-
on jamais une violation plus authentique ? Si Richer - Cérisy
étoit un ennemi du genre humain ; s'il eût assassiné , volé , ou
enfin violé de quelque manière les devoirs de l'homme en société, on n'auroit rien à répliquer. Mais le crime de Richer-
Cérisy est d'avoir différé d'opinion avec les meneurs du gouvernement Français , de l'avoir publiée dans un pays où la
constitution lui en donnoit le droit ; d'avoir enfin pensé comme
tous les honnêtes gens de France.

On prétend qu'il a cherché , par ses écrits , à *troubler l'ordre
public*. Ah ! qu'on dise plutôt qu'il vouloit troubler le *désordre
public* , et voir renaître l'ordre ; tous ses écrits tendoient à ce
but.

Malheureux Bâlois , vous croyez avoir bien mérité de la nation française, et vous avez au contraire offensé sa loyauté !
Quelle distinction vous avez établie entre vous et les peuples de
l'antiquité , dont le respect pour l'hospitalité mérite encore
notre vénération et notre amour ! Si Richer-Cérisy périt dans
sa captivité , son sang rejaillira jusques sur vos arrières neveux,
et ce trait de loyauté sera consigné dans l'histoire. Mais si vous
étiez inaccessibles aux sentimens d'honneur qui vous défendoit
d'abuser de la confiance que Richer-Cérisy vous avoit témoigné
en prenant un asyle dans vos murs , au moins auriez-vous dû
calculer votre propre *intérêt*.

En violant le droit des gens , vous vous êtes comme séparé
de la société du genre humain. Si vous avez livré un homme,
à plus forte raison livreriez-vous des lettres au caprice du premier agent français. Il faudra donc choisir un autre passage
pour la correspondance, les marchandises , et éviter votre
ville.

Et comment , d'ailleurs , n'avez-vous pas réfléchi qu'il est plu ami, son parent; ils seront dociles à notre voix; et si par eux vous prétendez rétablir le régime de la terreur, par eux nous renouvellerons le 9 thermidor, et vous verrez ces braves soldats tourner contre vous ces armes victorieuses qu'ils ont avilies en vous servant de satellites.

Voilà, Français, le seul moyen de sauver la patrie. Si vous ne parlez et n'agissez avec cette noble liberté, et si vous ne correspondez par une énergie mesurée à vos représentans fidèles, vous êtes destinés à vivre esclaves des plus vils et des plus cruels tyrans qui aient jamais désolé la terre.

Et vous braves Lyonnais, chers compatriotes, vous chez qui les malheurs n'ont point altéré ce grand caractère de courage, de franchise et de loyauté qui vous a de tous tems distingué, et sur-tout dans le cours de cette révolution ; ma vie passée vous est un garant que je n'ai pas trahi votre mandat. Toujours, vous le savez, l'amour de ma patrie m'enflamma. Sous vos yeux je lui consacrai une partie de ma vie. Vous m'avez jugé capable de courir une carrière nouvelle, et par votre choix, vous avez couvert mes cheveux blancs. Je suis proscrit, et je m'en glorifie. Quelques grandes que soient les privations que j'éprouverai dans mon exil, la source en adoucira l'amertume. Je suis toujours votre Représentant. C'est un caractère indélébile que la proscription des tyrans ne peut effacer, et dont elle rehausse le titre. Par-tout où j'irai reposer ma tête il m'honorera. Je suis mille fois plus heureux de mon malheur que les triumvirs de leurs succès. Mon ame n'est point troublée par le souvenir du passé , et se repose sur l'espoir de l'avenir , tandis que , s'ils sont susceptibles de remords, ils en sont dévorés , et qu'ils voyent sans cesse l'épée de Damoclès suspendu sur leurs têtes.

J'ignore quand et comment cet écrit vous parviendra , mais au moins vous saurez un jour quelle fut mon intention. C'est en votre nom , ainsi qu'au nom de tous les malheureux Français , que la plus cruelle oppression empêche en ce moment d'élever la voix. C'est à la face de l'univers que je proteste contre la journée du 18 Fructidor , contre les décrets d'une assemblée mutilée , qui n'est plus qu'un symulacre du Corps législatif , et contre les actes du soi-disant Directoire.

Et je dénonce Barras , Rewbel et Lépaux , comme seuls coupables d'une conspiration méditée depuis long-tems.

Puisse la Providence exaucer les vœux que je fais pour le bonheur de ma Patrie !

F I N.